Franca Mangiameli | Heike Lemberger

Low-Carb unterwegs

40 Rezepte für die Reise und zum Mitnehmen

Inhalt

Rezepte

»To-go-Esskultur« auf dem Vormarsch

Der Wecker klingelt und Ihnen bleibt zu Hause gerade noch Zeit für einen Kaffee. Auf dem Weg ins Büro flitzen Sie schnell zum Bäcker. Statt eines gemütlichen Frühstücks gibt es ein belegtes Brötchen auf die Hand. Mittags essen Sie in der Kantine. Und wenn es die nicht gibt, dann darf die Würstchenbude, das Fast-Food-Restaurant, der Metzger oder der Italiener um die Ecke dran glauben. Wer Glück hat und einen gut sortierten Supermarkt in der Nähe findet, kann im besten Fall zu Fertigsalaten oder frischem Obstsalat greifen. Laut der Nestlé-Studie »Mobile Eater« essen mittlerweile 80 Prozent der Vollzeitberufstätigen außer Haus. Ein unregelmäßiger Tagesablauf und der Mangel an Zeit machen es Ihnen schwer, sich ausgiebig Gedanken um ein gesundes Mittagessen zu machen. Gegessen wird dann, was verfügbar ist. So geht es den meisten Gestressten. Dabei ist es gerade unter Stress besonders wichtig, auf eine gesunde Ernährung zu achten, um seine Folgen für unsere Gesundheit im Zaum zu halten.

nach oben schnellen lässt. Unter diesen Umständen essen wir am liebsten schnelle Kalorien aus kohlenhydratreichen Speisen. Diese sind aber meist energieüberladen und sättigen uns nur kurzfristig, weil sie unseren Blutzucker Achterbahn fahren lassen. Käsebrötchen, Pizza, Pommes, Süßes & Co. sind in stressigen Zeiten besonders beliebt, treiben uns aber direkt in die Kohlenhydratfalle. Stress verändert jedoch nicht nur unser Essverhalten, sondern baut über die gesteigerte Aktivität des Stresshormons Cortisol auch unsere energieverbrennenden Muskeln ab, mit der Folge, dass Sie weniger Kalorien verbrennen und dadurch leichter zunehmen, insbesondere am Bauch. Das Bauchfett wiederum fördert nun Erkrankungen wie Diabetes, metabolisches Syndrom, Insulinresistenz, Fettstoffwechselstörungen und Bluthochdruck. Wer die Folgen des Stresses kompensieren möchte, sollte erst gar nicht in die Kohlenhydratfalle tappen und den Muskelabbau verhindern – und das funktioniert am besten mit Low-Carb.

Was bewirkt Stress im Körper?

Durch Stress wird unsere Hunger- und Sättigungsregulation durcheinandergebracht und wir haben erst recht Appetit auf all das, was unsere geistige und körperliche Leistung schwächt und unser Gewicht

Was ist Low-Carb?

Wer sich Low-Carb ernährt, isst weniger Kohlenhydrate, also weniger stärke- und zuckerreiche Lebensmittel wie Brot, Kartoffeln, Nudeln, Reis, Gebäck, Süßigkeiten, Säfte sowie gezuckerte Getränke. Low-Carb steht also ganz allgemein für eine kohlenhydratreduzierte Ernährung. Es sagt noch nichts darüber aus, wie stark die Kohlenhydrate auf dem Teller reduziert werden und was stattdessen gegessen werden darf. Mit anderen Worten: Es gibt viele verschiedene Formen der Low-Carb Ernährung. Am bekanntesten dürfte die amerikanische Atkins-Diät sein. Für spezielle Erkrankungen gibt es in der Medizin schon lange besonders strenge Low-Carb-Kostformen, bei denen nur etwa 15 bis 50 g Kohlenhydrate täglich gegessen werden dürfen. Doch keine Sorge, so vorsichtig müssen nur wenige sein. Hier geht es um eine freizügigere, absolut alltagstaugliche, abwechslungsreiche und sehr gut schmeckende Low-Carb-Variante: die LOGI-Methode.

Low-Carb ➞ LOGI

Bei der LOGI-Methode handelt es sich um eine wissenschaftlich fundierte und vielfach erprobte moderate Low-Carb-Ernährung. Je nach Gesundheitszustand und körperlicher Aktivität können etwa 80 bis 130 g Kohlenhydrate täglich gegessen werden. Im Gegenzug muss beim Geschmacksträger Fett nicht gespart werden. Ganz praktisch heißt das, dass auch ein bis zwei Scheiben Brot, zwei bis drei kleine Kartoffeln oder ein paar Nudeln als Beilage oder auch mal ein Stückchen Schokolade in die LOGI-Kost passen.

Die Basis der LOGI-Ernährung sind jedoch kalorienarme, wasser- und ballaststoffreiche Lebensmittel wie Gemüse, Salate und Pilze, die mit hochwertigen Fetten und Ölen angemacht und zubereitet werden. Beim Obst werden zuckerarme Beeren sowie fettreiche Avocados, Nüsse und Saaten empfohlen. Ebenso wichtig sind eiweißreiche Sattmacher wie Eier, Fisch, Milchprodukte, Hülsenfrüchte, Fleisch und Käse. Eine Ernährung nach der LOGI-Methode ist also nicht nur kohlenhydratärmer als die übliche Nahrung, sie enthält dafür mehr Eiweiß und gesunde Fette – und natürlich reichlich Vitamine, Mineral- und Ballaststoffe.

Wie wirkt LOGI unter Stress?

- LOGI hält den Blutzucker- und Insulinspiegel niedrig. Dadurch werden Heißhungerattacken vermieden und die Kohlenhydratfalle umgangen.

- LOGI macht satt, und zwar lang anhaltend über den Tag. So ist weniger Platz für ungesunde energiereiche Gerichte wie Pommes, Pizza oder Burger.

- LOGI schützt uns unter Stress vor dem Muskelabbau, da mehr muskelerhaltendes bzw. -aufbauendes Eiweiß zugeführt wird.

- LOGI kann uns vor Lebensstilerkrankungen wie Insulinresistenz, Typ-2-Diabetes, metabolischem Syndrom, Bluthochdruck, Übergewicht und Fettstoffwechselstörungen bewahren.

Gesund und schlank mit LOGI

Die Abkürzung LOGI (engl: LOw Glycemic and Insulinemic Diet) steht für eine Ernährung, die große Schwankungen des Blutzucker- und Insulinspiegels verhindert.

So unterstützt sie den Stoffwechsel, anstatt gegen ihn zu arbeiten, wie es bei einer ungesunden Ernährung der Fall ist. Gesundbleiben und Abnehmen mit LOGI ist abwechslungsreich, macht Spaß und schmeckt. Die LOGI-Pyramide hilft bei der Mahlzeitengestaltung.

Selten: Verarbeitetes Getreide (Weißmehl), Süßigkeiten

Wenig: Vollkornprodukte, Kartoffeln, Nudeln und Reis

Häufig: Milchprodukte, Eier, mageres Fleisch, Fisch, Nüsse und Hülsenfrüchte

Oft: Stärkefreies Gemüse (zubereitet mit Öl/Butter) und Obst

Ist Low-Carb/LOGI auch unterwegs möglich?

Zugegeben, es ist sicherlich einfach, unterwegs kohlenhydratreich zu essen. Bäckereien gibt es an jeder Ecke, Kohlenhydrate sind billig und lassen sich gut als belegtes Brötchen, Croissant, Kuchen, Pizza oder Burger auf die Hand nehmen.

Dennoch, dieser Ratgeber soll Ihnen zeigen, dass einer Low-Carb-Ernährung auch unterwegs nichts im Wege steht. In der folgenden Aufzählung finden Sie Tipps, wie Sie Low-Carb/LOGI überall anwenden können – im Restaurant, an der Tankstelle, im Imbiss usw.

Hunger! Was wo auswählen?

Fast-Food-Restaurant
- Salat mit gebratenen Geflügelstreifen
- Burger ohne »Brot-Deckel« plus Salat
- Chicken Wings mit Salat
- Wrap mit gegrilltem Fleisch
- Nuggets mit Salat
- Obstspalten
- Latte Macchiato, Wasser, Cola light

Würstchenbude
- Brat- oder Rindswurst mit Senf und Sauerkraut oder Krautsalat

Asiatisch (Imbiss, Sushi)
- Suppen (z. B. Miso- oder Thaisuppe)
- Sprossensalat/Algensalat
- Satéspieße
- Fleisch-, Fisch- und vegetarische Gerichte, gebraten, nicht gebacken, ohne Reis oder chinesischen Nudeln
- Sushi (Sashimi, Maki)

MEIDEN: Gerichte mit süß-saurer Sauce, Inside-Outside-Rolls, Nigiris, große Rollen mit viel Reis

Metzger
- Chili con Carne, Linseneintopf etc.
- Bohnensalat
- Wurstsalat
- Frikadellen ohne Brot
- Rippchen mit Krautsalat
- Schnitzel mit Salat

Tankstelle
- Salami- und Käsesticks
- Nüsse
- Bockwurst mit Senf

Bahnhof
- Fertigsalate mit Geflügel, Thunfisch, Käse oder Ei
- Obstsalate
- Wraps

Kantine
- Gemüsesuppe
- Salat mit Ei, Schinken, Thunfisch etc.
- Gerichte mit Fleisch oder Fisch (ohne Nudeln, Reis, Kartoffeln), dazu eine zweite Portion Gemüse, Salat oder Obst
- Quark (natur) mit frischen Früchten

Bäcker

Ist der Gang zum Bäcker unvermeidbar, dann wählen Sie

- Vollkornbrötchen mit viel Schinken und Salat. Kleiner Tipp: eine Brötchenhälfte weglassen.

Dönerimbiss

- Linsensuppe
- Dönerteller mit Fleisch
- Falafelteller
- Feta
- Krautsalat und Zaziki, alles ohne Fladen, Reis oder Pommes
- Ayran (Joghurtdrink)

Supermarkt

- Salat vom Büfett
- abgepackter Salat mit Essig-Öl-Dressing
- verzehrfertiges Obst und Gemüse (z. B. Apfel, Birne, Cherrytomaten, Radieschen)
- Gemüsesticks mit Kräuterquark
- Gewürzgurken
- Oliven
- Naturjoghurt, -quark mit Obstsalat
- Buttermilch, Kefir (natur)
- Frikadellen, Würstchen, Salamisticks, Schinken- oder Käsewürfel
- gekochte, eingelegte Shrimps/Garnelen, Thunfisch aus der Dose
- Surimi
- geräucherter Fisch (z. B. Forelle, Lachs)
- Nüsse, Kerne, Kokoschips

Low-Carb/LOGI zum Mitnehmen

Intelligent vorkochen

Wer intelligent vorkocht, muss sich die nächsten Tage weniger Gedanken um das Essen machen. Viele Gerichte können am nächsten Tag noch einmal, z.B. in abgewandelter Form gegessen werden.

Ein paar Beispiele:

- Gibt es heute ein Gericht mit Fleischbeilage wie Putenbrust, Hackbällchen, Frikadellen oder Hähnchenkeulen, dann bereiten Sie doch von vornherein mehr Fleisch zu und genießen dieses am nächsten Tag einfach kalt z.B. zu einem Salat.

- Die Gemüsebeilage einer Mahlzeit kann ebenfalls in größeren Mengen gekocht werden, sodass es am nächsten Tag beispielsweise noch für einen Bohnensalat (z.B. mit Shrimps, Mozzarella oder Feta) reicht. Genauso verhält es sich mit Gemüseresten, die vom Vortag übrig geblieben sind: Gemüsesalat mit Essig und Öl anmachen, Fetawürfel oder klein geschnittene Wiener untermischen und fertig ist ein neues Gericht.

- Wollen Sie heute Omelett essen, dann stellen Sie die doppelte Menge her und essen das restliche Omelett am nächsten Tag kalt mit Schinken, Rucola und Tomaten belegt.

Hygiene-Tipps

- Low-Carb-Brot können Sie einfach vorbacken und anschließend scheibenweise einfrieren.

- Eine Extraportion Suppe oder Eintopf vom Vortag kann ebenfalls mitgenommen werden, wenn Sie die Möglichkeit haben, die Gerichte warm zu machen.

- Wenn Sie auf Vorrat kochen, frieren Sie Eintöpfe und Gemüsepfannen portioniert ein, dann nur noch auftauen, aufwärmen und fertig.

- Achten Sie bei Fisch-, Geflügel- und Fleischgerichten darauf, dass sie durchgegart sind. Halb rohe Gerichte eignen sich aus hygienischen Gründen nicht zum Mitnehmen.

- Lassen Sie die Gerichte nicht lange offen herumstehen. Besser ist es, die »Mitnehmportion« gleich nach dem Garen in ein verschließbares Transportbehältnis zu füllen, sie bei Raumtemperatur abkühlen zu lassen und dann im Kühlschrank zu lagern.

Damit beim Mitnehmen nichts schief geht!

Wer will schon unterwegs einen matschigen Salat, zerquetsche Brote und ausgetrocknetes Gemüse essen oder sich über undichte Dosen ärgern, aus denen Salatsauce heraustropft? Mit der richtigen Verpackung muss das nicht passieren!

Mitnehmen leicht gemacht

Salate:

- Salat (inklusive Gemüse), Eiweißkomponenten wie hart gekochte Eier, Thunfisch, Schinken, Putenbruststreifen sowie das Dressing sollten immer separat in einzelnen gut verschließbaren Dosen oder Gläsern aufbewahrt werden.

- Verwenden Sie Dosen mit einzelnen Kompartimenten oder Dosen, die sich im Bentostyle stapeln lassen, um einzelne Zutaten separat zu verpacken.

- Dressings kann man auch sicher in Marmeladenschraubgläsern transportieren.

- Wenig Platz nehmen Mini-Öl- und Essigflaschen ein.

- Denken Sie immer an kleine Salz- und Pfefferstreuer!

- Salat erst beim Verzehr mit Dressing anmachen und mit Salz und Pfeffer würzen. Andernfalls fällt er zusammen und wird matschig.

- Vermeiden Sie Salatzutaten, die viel Flüssigkeit verlieren, da der Salat sonst schnell matschig wird! Ganze Cocktailtomaten sind besser als geviertelte Fleischtomaten. Gurken wässern weniger, wenn sie vor dem Kleinschneiden ausgehöhlt werden.

- Feste Blattsalate wie Romana, Eisbergsalat oder Chicorée fallen weniger schnell zusammen wie Feldsalat oder Lollo bianco.

Suppen und Eintöpfe:

- Wenn es nicht gerade die Gazpacho oder Gurkenkaltschale ist, mögen wir Suppen am liebsten heiß. Wenn die Nutzung einer Mikrowelle im Büro vorhanden ist, dann sollten Sie Suppen oder Eintöpfe in mikrowellengeeigneten Dosen aufbewahren!

- Ohne Mikrowelle bleibt nur der Thermobehälter. Hier können Eintöpfe wie Gulasch, Linseneintopf oder Chili con Carne bis zu vier Stunden warm bleiben.

Belegte Brote:

- Auch für Brot sind Plastikboxen am besten geeignet. Allerdings sollten Sie das Brot vorher noch mal mit Frischhaltefolie umwickeln, damit Ihnen der Brotbelag nicht in der Dose auseinanderfällt.

- Alternativ geht natürlich auch klassisches Butterbrotpapier. Allerdings sollte dann der Belag weniger »feucht« sein, da die Flüssigkeit sonst durch das Papier sickert.

Obst und Gemüse:

- Festes Obst und Gemüse, welches bereits nach dem Waschen bzw. geschält verzehrfertig ist, lässt sich am besten transportieren. Hierzu zählen Äpfel, Birnen, Mandarinen, Orangen, Pfirsiche, Nektarinen, Pflaumen, Cocktailtomaten, Möhren und Paprika.

- Geschältes Obst und Gemüse am besten in einer luftdichten Dose oder in Frischhaltefolie transportieren.

Im Sommer:

- Wenn es warm ist, muss neben der richtigen Verpackung auch für entsprechende Kühlung gesorgt werden. Wer den Luxus mag, kauft Kühltaschen bzw. Boxen, die an den Zigarettenanzünder angeschlossen werden können. Es geht aber auch günstiger: Viele Hersteller bieten Lunchboxen mit integriertem Kühlakku an. Alternativ geht natürlich auch eine kleine Kühltasche.

Besteck und Servietten nicht vergessen!

- Wenn Sie im Besitz einer supermodernen Lunchbox sind, dann ist das Besteck möglicherweise bereits am Deckel befestigt. Ansonsten sollten Sie immer ein Besteck dabei haben! Auch Servietten und Feuchttücher dürfen nicht fehlen.

Low-Carb-Brot mit Rucola-Mozzarella-Belag

ERGIBT 20 SCHEIBEN

- 80 g Mandelmehl
- 70 g geschroteter Leinsamen
- 40 g Weizenkleie
- 100 g Sojaflocken
- 10 g Backpulver
- ¼ TL Salz
- 250 g Quark (Magerstufe)
- Brotform Ø 20–25 cm

1 Scheibe (40 g): 75 kcal, 8 g Eiweiß (50 E%), 3 g Fett (43 E%), 3 g Kohlenhydrate (7 E%)

01 Den Backofen auf 180° Umluft vorheizen. Brotform mit Backpapier auslegen.

02 Mandelmehl, Leinsamen, Weizenkleie, 90 g Sojaflocken und Backpulver verrühren und mit Salz würzen.

03 Quark unterheben, zu einem Teig kneten und in die Form füllen. Die restlichen Sojaflocken auf dem Brot verteilen und im Backofen 30–40 Minuten (Mitte) backen. Anschließend abkühlen lassen.

FÜR 2 SCHEIBEN LOW-CARB-BROT

Für den Rucola-Mozzarella-Belag:
- ½ Handvoll Rucola
- 1 TL Pesto
- 4 Mozzarellascheiben
- 2 getrocknete Tomaten (in Öl)

Für die Kräutercreme:
- 40 g Salatgurke
- 30 g Schalotte
- 1 TL frisch geschnittener Schnittlauch
- 1 TL frisch gehackte Petersilie
- 1 TL frisch gehackter Kerbel
- ½ TL Zitronensaft
- 30 g Frischkäse (12 % Fett absolut)
- 1 EL Milch (3,5 % Fett)
- 1 TL Senf (mild)
- Salz und schwarzer Pfeffer nach Geschmack

1 Portion (250 g): 350 kcal, 28 g Eiweiß (33 E%), 23 g Fett (61 E%), 8 g Kohlenhydrate (6 E%)

01 Eine Scheibe Brot mit Rucola, Pesto, Mozzarellascheiben und Tomaten belegen.

02 Für die Kräutercreme Gurke schälen, halbieren, das Fruchtfleisch herauslöffeln und anschließend fein raspeln.

03 Schalotte schälen und fein hacken. Alle Zutaten für die Kräutercreme, bis auf die Gurkenraspel, mischen und pürieren. Gurkenraspel unter die Creme rühren. Mit Salz und Pfeffer abschmecken.

04 Die andere Scheibe Brot mit Gurken-Kräuter-Creme bestreichen.

Rosinenbrötchen mit Quark-Zimt-Creme

ERGIBT 6 STÜCK

Für die Brötchen:
- 4 EL gemahlene, blanchierte Mandeln
- 2 EL Eiweißpulver (neutral)
- ½ TL Backpulver
- ½ TL Johannisbrotkernmehl
- 20 g Rosinen
- 2 Eier (Größe M)
- 1 Prise Salz
- 200 g Quark (20 % Fett i. Tr.)
- evtl. Flüssigsüßstoff oder Stevia Fluid nach Geschmack

Für die Creme:
- 100 g Quark (Magerstufe)
- 1 EL süße Sahne
- ½ TL Zimt (gemahlen)

1 Brötchen (90 g): 125 kcal, 13 g Eiweiß (43 E%), 6 g Fett (45 E%), 5 g Kohlenhydrate (12 E%)

01 Den Backofen auf 180° (Umluft 160°) vorheizen. Das Backblech mit Backpapier belegen.

02 Mandeln, Eiweißpulver, Backpulver und Johannisbrotkernmehl mischen. Die Rosinen halbieren und untermischen.

03 Die Eier mit Salz und Quark verquirlen. Bei Bedarf mit 1 TL Flüssigsüßstoff oder 3 Tropfen Stevia Fluid süßen. Unter Rühren die Mandelmischung zugeben und alles zu einem glatten Teig verkneten.

04 Aus dem Teig 6 Brötchen gleicher Größe formen und auf das Backblech setzen. Im Ofen (Mitte) 15–20 Minuten backen und anschließend abkühlen lassen.

05 Quark, Sahne und Zimt mischen und auf die Brötchen streichen.

Mango-Kokos-Creme

- 120 g Mango (geschält gew.)
- 150 g Quark (20 % Fett i. Tr.)
- 50 ml Kokosnussmilch (ungesüßt)
- 1 EL Kokosraspel
- 1 TL gehackte Pistazienkerne

1 Portion (315 g): 335 kcal, 20 g Eiweiß (24 E%), 19 g (52 E%) Fett, 20 g Kohlenhydrate (24 E%)

01 Mango schälen, klein schneiden und mit Quark, Kokosnussmilch, Kokosraspeln und Pistazien verrühren.

Apfel-Vanille-Shake

FÜR 1 PERSON

- ½ Apfel
- 150 g Quark (Magerstufe)
- 200 ml Mandelmilch
- ½ TL gemahlene Vanille

1 Portion (400 g): 230 kcal, 23 g Eiweiß (41 E%), 5 g Fett (18 E%), 23 g Kohlenhydrate (41 E%)

01 Apfel waschen und grob schneiden.

02 Apfel, Quark, Milch und gemahlene Vanille pürieren.

Wickelfrühstück mit Kräuterquark

FÜR 1 PERSON

- 150 g Quark (Magerstufe)
- 1 EL Mineralwasser
- 1 TL Olivenöl
- 1 TL Zitronensaft
- 1 EL frisch gehackte Kräuter (z. B. Schnittlauch, Petersilie, Basilikum)
- 250 g Rohkost (z. B. Salatgurke, Kohlrabi, Paprika, Möhre)
- 50 g Schinken (roh oder gekocht) in dünnen Scheiben
- 50 g halbfester Schnittkäse (45 % Fett i. Tr.) in dünnen Scheiben
- Salz und Pfeffer nach Geschmack

1 Portion (565 g): 445 kcal, 42 g Eiweiß (40 E%), 19 g Fett (38 E%), 23 g Kohlenhydrate (22 E%)

01 Den Quark mit Mineralwasser, Olivenöl und Zitronensaft cremig rühren.

02 Kräuter in den Quark rühren. Mit Salz und Pfeffer würzen.

03 Rohkost waschen, ggf. schälen und in Stifte schneiden.

04 Schinken- und Käsescheiben halbieren. Jeweils 2–3 Gemüsesticks mit Schinken oder Käse umwickeln.

05 Mit dem Kräuterdip genießen.

Bohnensalat

FÜR 1 PERSON

- 150 g grüne Bohnen (TK)
- 20 g schwarze Oliven (entsteint)
- 20 getrocknete Tomaten (in Öl)
- 100 g Kirschtomaten
- 1 EL Aceto balsamico (hell)
- 2 EL Olivenöl
- ½ TL Zucker
- Salz und weißer Pfeffer nach Geschmack

1 Portion (320 g): 270 kcal, 6 g Eiweiß (9 E%), 20 g Fett (69 E%), 15 g Kohlenhydrate (22 E%)

01 Bohnen in reichlich Salzwasser 10 Minuten kochen, kalt abschrecken und abtropfen lassen.

02 Oliven und getrocknete Tomaten abtropfen lassen. Oliven ggf. halbieren und zusammen mit den getrockneten Tomaten fein hacken. Kirschtomaten waschen und halbieren.

03 Oliven, getrocknete Tomaten und Tomaten vermischen und unter die Bohnen heben.

04 Für das Dressing Essig, Olivenöl, Zucker, eine Prise Salz und Pfeffer verrühren, und kurz vor dem Verzehr auf den Salat träufeln.

TIPP: Den Bohnensalat können Sie nach Lust und Laune variieren. Statt Oliven und getrockneten Tomaten können Sie auch gebratene Garnelen, Fetawürfel, Mozzarellakugeln oder gebratene Chorizoscheiben verwenden. So essen Sie mehr Eiweiß.

Kichererbsen-Kräuter-Salat mit Feta-Schinken-Spießen

FÜR 1 PERSON

- 15 g Pinienkerne
- 100 g Kichererbsen (Dose oder Glas)
- 15 g schwarze Oliven (entsteint)
- 1 Frühlingszwiebel
- 100 g Möhren
- 1 walnussgroßes Stück Ingwer
- 2 EL frisch gehackte Blattpetersilie
- 2 EL frisch gehackter Koriander
- 2 EL frisch gehackte Minze
- 50 g Feta
- 30 g roher Schinken (z. B. Serrano)
- 3 EL Olivenöl
- 2 EL Zitronensaft
- Salz und Pfeffer nach Geschmack
- Zahnstocher

1 Portion (380 g): 540 kcal, 27 g Eiweiß (21 E%), 38 g Fett (66 E%), 24 g Kohlenhydrate (13 E%)

01 Pinienkerne in einer Pfanne ohne Fett anrösten, bis sie duften.

02 Kichererbsen abtropfen lassen. Oliven abtropfen lassen und in feine Scheiben schneiden. Frühlingszwiebel waschen und in Ringe schneiden. Möhren schälen und in sehr kleine Würfel schneiden. Ingwer schälen und reiben. Alle Zutaten mit den Kräutern in eine Schüssel geben.

03 Feta in 1 cm große Würfel schneiden. Schinken in Streifen schneiden und die Schinkenstreifen anschließend um die Käsewürfel wickeln und auf Zahnstocher stecken.

04 Für das Dressing Olivenöl, Zitronensaft und eine Prise Salz verrühren. Den Salat kurz vor dem Verzehr mit Salz und Pfeffer würzen und mit Dressing beträufeln. Die Spieße zum Salat servieren.

Käse-Wurst-Salat in bunten Paprikaschiffchen

Für den Salat:
- ½ rote Zwiebel
- 10 Radieschen
- 5 Cornichons
- 30 g alter Gouda (45 % Fett i. Tr.)
- 100 g Lyoner
- 1 EL frisch gehackte Blattpetersilie
- ½ rote Paprika
- ½ orange Paprika

Für das Dressing:
- 2 EL Aceto balsamico (hell)
- 1 Msp. Cayennepfeffer
- 1 TL Honig
- 1 EL Rapsöl
- Salz und schwarzer Pfeffer nach Geschmack

1 Portion (505 g): 540 kcal, 25 g Eiweiß (20 E %), 39 g Fett (67 E %), 20 g Kohlenhydrate (13 E %)

01 Zwiebel schälen und sehr fein würfeln. Radieschen waschen. Cornichons abtropfen lassen. Radieschen, Cornichons, Käse und Wurst in sehr kleine Würfel gleicher Größe schneiden. Alle Zutaten mit der Petersilie mischen.

02 Paprika waschen, Gehäuse entfernen und vierteln.

03 Essig mit Salz, Pfeffer, Cayennepfeffer und Honig verrühren. Das Öl unterschlagen und das Dressing erst kurz vor dem Verzehr über den Salat träufeln. Den Salat mit den Paprikavierteln löffeln.

Würziger Hüttenkäse

FÜR 1 PERSON

- 100 g Radieschen
- 50 g Gewürzgurken
- ½ Bund frischer Schnittlauch
- 20 g Sonnenblumenkerne
- 200 g Hüttenkäse
- 1 TL Zitronensaft
- Salz und Pfeffer nach Geschmack

1 Portion (325 g): 335 kcal, 31 g Eiweiß (38 E %), 19 g Fett (53 E %), 9 g Kohlenhydrate (9 E %)

01 Radieschen waschen und raspeln. Gewürzgurken abtropfen lassen und in feine Scheiben schneiden. Schnittlauch waschen, trocken schütteln und in Röllchen schneiden.

02 Sonnenblumenkerne in einer Pfanne ohne Fett anrösten.

03 Hüttenkäse, Radieschen, Gewürzgurken, Schnittlauch und Zitronensaft mischen und mit Salz und Pfeffer abschmecken. Mit Sonnenblumenkernen bestreuen.

Fruchtiger Hüttenkäsesalat

FÜR 1 PERSON

- 50 g Apfel (z. B. Braeburn)
- 20 g Mandarinen (Dose)
- 50 g Chicorée
- 15 g Kürbiskerne
- 200 g Hüttenkäse
- 1 EL Limettensaft

1 Portion (345 g): 345 kcal, 30 g Eiweiß (36 E%), 16 g (43 E%) Fett, 18 g Kohlenhydrate (21 E%)

01 Apfel schälen und würfeln. Mandarinen abtropfen lassen und halbieren, Chicorée waschen und klein schneiden. Kürbiskerne mit einem Messer zerkleinern.

02 Alle Zutaten mit dem Hüttenkäse und Limettensaft verrühren.

Griechischer Paprikasalat

FÜR 1 PERSON

- 2 kleine Paprikaschoten (rot, gelb)
- 30 g schwarze Oliven (entsteint)
- 2 EL frisch gehackte Blattpetersilie
- Saft von ½ Zitrone
- 3 TL Olivenöl
- 80 g Feta
- Chiligewürz und Meersalz nach Geschmack
- verschließbarer Gefrierbeutel

1 Portion (495 g): 500 kcal, 19 g Eiweiß (16 E%), 36 g Fett (64 E%), 24 g Kohlenhydrate (20 E%)

01 Den Backofen auf 250° Grillstufe vorheizen.

02 Die Paprikaschoten waschen, entkernen, vierteln und auf einem Backblech mit der Hautseite nach oben verteilen. Im Ofen 7–10 Minuten grillen, bis die Haut dunkel wird und Blasen wirft. Paprikastücke noch heiß in den Gefrierbeutel stecken und verschließen. Nach 15–25 Minuten die Haut von den Schoten abziehen und das Fruchtfleisch in mundgerechte Stücke schneiden.

03 Oliven abtropfen lassen. Paprika, Petersilie, Oliven und Chiligewürz in eine Schüssel geben und vermischen.

04 Mit Zitronensaft und Olivenöl anmachen und mit Salz abschmecken.

05 Feta klein würfeln und erst kurz vor dem Verzehr über den Salat verteilen.

TIPP: Der Salat schmeckt frisch, aber auch am nächsten Tag, wenn er schön durchgezogen ist.

VARIANTE: Statt Feta können Sie auch Parmesan, klein geschnittenen Büffelmozzarella oder gebratene Chorizowurst in den Salat geben.

Fruchtiger Geflügelsalat

Für den Salat:
- 120 g Hähnchenbrustfilet (oder fertig gebratene und geschnittene Hähnchenbruststreifen)
- 1 TL Rapsöl
- 50 g Eisbergsalat
- 20 g Walnüsse
- 5 Stangen weißer Spargel (Glas)
- 100 g Salatgurke
- 30 g Erbsen (Dose)
- 1 Scheibe Ananas (frisch oder Dose)
- 1 EL Mandarinen (Dose)
- Salz und Pfeffer nach Geschmack

Für das Dressing:
- 50 g Joghurt (3,5 % Fett)
- 1 TL Olivenöl
- 1–2 EL Zitronensaft
- 1–2 EL Orangensaft
- ½ TL Curry oder Kurkuma
- ½ TL Paprikapulver (mild)
- Salz und weißer Pfeffer nach Geschmack

1 Portion (540 g): 465 kcal, 37 g Eiweiß (34 E%), 26 g Fett (52 E%), 20 g Kohlenhydrate (14 E%)

01 Das Hähnchenbrustfilet mit kaltem Wasser abbrausen, trocken tupfen, salzen und pfeffern. Das Öl in einer beschichteten Pfanne erhitzen und das Fleisch darin rundherum anbraten. Anschließend herausnehmen, abkühlen lassen und in 2 cm breite Streifen schneiden.

02 Eisbergsalat waschen und in feine Streifen schneiden. Walnüsse in einer Pfanne ohne Fett anrösten und fein hacken. Spargel abtropfen lassen und in mundgerechte Stücke schneiden. Gurke schälen und würfeln. Erbsen, Ananas und Mandarinen abtropfen lassen. Ananas in 1 cm große Stücke schneiden und die Mandarinen halbieren. Alle Zutaten mischen.

03 Joghurt, Öl, Zitronensaft, Orangensaft, Curry und Paprika gut verrühren. Mit Salz und Pfeffer abschmecken und das Dressing unter den Salat heben. Vor dem Verzehr etwa 15 Minuten durchziehen lassen.

Thunfischsalat in Kapern-Limetten-Sauce mit Käsekräckern

Für die Kräcker:
- 40 g alter Gouda
- 10 g frisch gehackte Kräuter (z. B. Rosmarin, Koriander)

Für den Salat:
- 2 Stangen Staudensellerie
- ½ Schalotte
- 30 g Erbsen (TK oder Dose)
- 150 g Thunfisch (Dose, im eigenen Saft)
- 20 g schwarze Oliven (entsteint)
- 30 g getrocknete Tomaten (in Öl)

Für die Sauce:
- 3 EL Kapern (Glas)
- 2 EL Limettensaft
- 1 Prise Salz
- 2 EL Olivenöl
- 1 TL Honig
- 1 TL Senf (mild)
- ¼ TL abgeriebene unbehandelte Limettenschale
- Salz und schwarzer Pfeffer nach Geschmack

1 Portion (455 g): 580 kcal, 53 g Eiweiß (37 E%); 33 g Fett (53 E%), 18 g Kohlenhydrate (10 E%)

01 Den Backofen auf 200° (Umluft 180°) vorheizen. Ein Backblech mit Backpapier belegen.

02 Den Käse fein reiben. Die Kräuter mit dem Käse mischen.

03 Jeweils 1 EL Käse, schwach gehäuft, auf das Blech legen und mithilfe eines Schnapsglases rund formen.

04 Die Kräcker im Ofen (Mitte) 3–4 Minuten backen, bis der Käse zerlaufen ist und sich leicht goldgelb färbt. Dann herausnehmen und abkühlen lassen. Um überschüssiges Fett aufzusaugen, die Kräcker noch warm auf Küchenkrepp legen.

05 Staudensellerie waschen und in sehr feine Ringe schneiden. Schalotte schälen und in sehr feine Scheiben schneiden. Erbsen und Thunfisch abtropfen lassen. Thunfisch mit einer Gabel zerdrücken. Oliven und Tomaten abtropfen lassen und in Scheiben schneiden. Alles vermengen.

06 Kapern abtropfen lassen und pürieren. Limettensaft, Salz, Öl, Honig, Senf und Abrieb der Limettenschale mischen und mit dem Kapernpüree verrühren. Das Dressing kurz vor dem Verzehr über den Salat träufeln. Nach Geschmack mit etwas Salz und Pfeffer würzen. Den Salat mit Käsekräckern anrichten.

Schnelle Caprese

FÜR 1 PERSON

- **250 g Cocktailtomaten**
- **125 g Mozzarellakugeln**
- **4 Basilikumblätter**
- **1–2 EL Aceto balsamico (rot)**
- **1 EL Olivenöl (extra nativ)**
- **1 TL Oregano (getrocknet)**
- **Meersalz und schwarzer Pfeffer nach Geschmack**

1 Portion (405 g): 440 kcal, 25 g Eiweiß (24 E%), 34 g Fett (69 E%), 8 g Kohlenhydrate (7 E%)

01 Tomaten waschen.

02 Mozzarella absieben.

03 Basilikumblättchen halbieren.

04 Alles in eine Schüssel geben. Kurz vor dem Verzehr mit Essig und Öl anmachen und mit Salz, Pfeffer und Oregano würzen.

TIPP: Zur Caprese passt auch sehr gut hauchdünn geschnittener Serranoschinken. Diesen einfach zerpflücken und unter den Salat mischen.

Bunter Bohnen-Chili-Salat

FÜR 1 PERSON

Für den Salat:
- 100 g Lauch (verzehrbarer Anteil)
- 100 g weiße Bohnen (Dose)
- ½ gelbe Paprika
- 100 g Tomaten
- 2 EL frisch geschnittener Schnittlauch oder frisch gehackte Minze
- 100 g Schinkenwürfel (5 % Fett)

Für das Dressing:
- 1 kleine rote Chilischote
- 1 EL Tomatenmark
- 2 EL Olivenöl
- 1 Prise Salz
- Saft von ½ Limette
- Salz und Cayennepfeffer nach Geschmack

1 Portion (470 g): 375 kcal, 31 g Eiweiß (34 E%),19 g Fett (47 E%), 21 g Kohlenhydrate (19 E%)

01 Den Wurzelansatz und das grüne Ende vom Lauch abschneiden. Die Stange in 2 cm dicke Ringe schneiden und waschen. Diese 3 Minuten in kochendem Wasser blanchieren, in ein Sieb abgießen und kalt abbrausen.

02 Die Bohnen in einem Sieb kalt abbrausen und abtropfen lassen. Paprika waschen, Gehäuse entfernen und würfeln. Tomaten waschen und in mundgerechte Stücke schneiden. Lauch, Bohnen, Paprika, Tomaten, Schnittlauch und Schinkenwürfel mischen.

02 Die Chilischote der Länge nach aufschlitzen, Kerne herauskratzen und in feine Streifen schneiden. Chili, Tomatenmark, Öl, Salz und Limettensaft in ein Schraubglas geben und gut schütteln. Dressing kurz vor dem Verzehr über den Bohnensalat träufeln. Nach Geschmack mit Salz und Cayennepfeffer würzen.

Obroschka (kalte russische Suppe)

FÜR 1 PERSON

- 80 g Kartoffeln
- 1 Ei (Größe L)
- 80 g Fleischwurst
- 100 g Radieschen
- 100 g Salatgurke
- 50 g Gewürzgurken
- 2 EL frische Kräuter (z. B. Dill, Schnittlauch, Petersilie)
- 100 g Joghurt (3,5 % Fett)
- 100 g Schmand (oder saure Sahne)
- 3 EL Gewürzgurkenwasser
- 1 EL Zitronensaft
- 200–300 ml Wasser mit Kohlensäure
- Salz und Pfeffer nach Geschmack

1 Portion (505 g): 375 kcal, 14 g Eiweiß (16 E%), 28 g Fett (66 E%), 15 g Kohlenhydrate (18 E%)

01 Kartoffeln kochen und schälen. Ei hart kochen, kalt abschrecken und pellen.

02 Fleischwurst ggf. pellen, wenn die Haut sehr fest ist. Radieschen vom Grün befreien und waschen. Gurke schälen. Gewürzgurken abtropfen lassen. Alle Zutaten sehr fein würfeln und in eine Schüssel geben.

03 Kräuter waschen, trocken schütteln, fein hacken und zu den anderen Zutaten geben.

04 Joghurt, Schmand, Gewürzgurkenwasser und Zitronensaft verrühren und vorsichtig unterrühren.

05 Die Suppe mit Wasser aufgießen, umrühren, mit Salz und Pfeffer abschmecken und kalt genießen.

Gefüllter Mozzarella auf Rucola

FÜR 1 PERSON

- 100 g Rucola
- 100 g Kirschtomaten
- 1 Mozzarella
- 4 getrocknete Tomaten (in Öl)
- 6 schwarze Oliven (entsteint)
- 1 TL Pesto
- ½ TL Oregano (getrocknet)
- 1 EL Olivenöl
- 1 EL Aceto balsamico (dunkel)
- Salz und Pfeffer nach Geschmack

1 Portion (400 g): 570 kcal, 30 g Eiweiß (22 E%), 47 g Fett (76 E%), 7 g Kohlenhydrate (2 E%)

01 Rucola waschen und verlesen. Kirschtomaten waschen und halbieren.

02 Mozzarella abtropfen lassen und aushöhlen, sodass ein 1 cm dicker Rand bleibt.

03 Getrocknete Tomaten und Oliven abtropfen lassen, grob schneiden und zusammen mit der ausgehöhlten Mozzarellamasse pürieren. Pesto unterheben und mit Oregano abschmecken. Mit Salz und Pfeffer würzen.

04 Die Masse in die ausgehöhlte Mozzarellakugel füllen.

05 Kurz vor dem Servieren den Rucola mit Öl und Essig anmachen, mit Salz und Pfeffer würzen und mit der gefüllten Mozzarellakugel verzehren.

Mediterrane Auberginenröllchen

FÜR 1 PERSON (ERGIBT 5–6 RÖLLCHEN)

- 1 Aubergine (ca. 400 g)
- 2 TL Olivenöl
- 30 g Walnusskerne
- 70 g Feta
- 80 g Frischkäse (Magerstufe)
- ½ rote Chilischote
- Blättchen von 2 Thymianzweigen
- 1 glattgestrichener TL Honig
- 2 TL Zitronensaft
- Salz nach Geschmack
- 5–6 Zahnstocher

1 Portion (605 g): 640 kcal, 32 g Eiweiß (22 E%), 46 g Fett (63 E%), 24 g Kohlenhydrate (15 E%)

01 Den Backofen auf 200° (180° Umluft) vorheizen.

02 Aubergine waschen, Strunk abschneiden, längs in 0,5 cm breite Scheiben schneiden, von beiden Seiten salzen und 10 Minuten ziehen lassen. Anschließend von beiden Seiten mit Olivenöl bestreichen und im Ofen (oben) 10–12 Minuten grillen. Zwischendurch wenden. Anschließend herausnehmen und abkühlen lassen.

03 Walnüsse in einer beschichteten Pfanne ohne Fett anrösten, abkühlen lassen und grob hacken. Feta zerdrücken und mit dem Frischkäse verrühren. Chilischote waschen, der Länge nach aufschlitzen, Samen herauskratzen und in feine Ringe schneiden. Thymian waschen, trocken schütteln und zupfen. Chili, Thymianblättchen, Honig, Zitronensaft und Walnüsse mit der Feta-Frischkäse-Mischung gut verrühren.

04 Auberginen einseitig mit der Creme bestreichen, dann einrollen und mit einem Zahnstocher fixieren.

Linsen-Quark-Taler

- 50 g rote Linsen (getrocknet)
- 100 ml Gemüsebrühe
- 1 Frühlingszwiebel
- 1 EL frisch gehackte Blattpetersilie
- 40 g Quark (Magerstufe)
- 20 g geriebener Parmesan
- 10 g Weizenmehl
- ½ TL Kreuzkümmel (Cumin)
- ½ TL Chiliflocken
- 2 EL Rapsöl
- Salz und Cayennepfeffer nach Geschmack

1 Portion (170 g): 420 kcal, 26 g Eiweiß (25 E%), 23 g Fett (51 E%), 32 g Kohlenhydrate (24 E%)

01 Linsen waschen und 10 Minuten in der Gemüsebrühe garen, abtropfen und abkühlen lassen.

02 Inzwischen die Frühlingszwiebel waschen und in feine Ringe schneiden. Frühlingszwiebel, Petersilie, Quark, Parmesan, Mehl und Linsen verrühren. Mit Kreuzkümmel und Chiliflocken würzen und mit Salz und Pfeffer abschmecken.

03 Aus dem Linsenteig 4 Taler formen. Das Öl in einer beschichteten Pfanne erhitzen und die Taler bei geringer Hitze rundherum in 3–5 Minuten goldgelb anbraten.

TIPP: Zu den Linsentalern schmeckt ein Gurkensalat oder ein grüner Salat.

Tofufrikadellen auf Papaya-Gurken-Salat

FÜR 1 PERSON

Für den Salat:
- 100 g Papaya
- 100 g Salatgurke
- 15 g Sprossen

Für das Dressing:
- 1 ½ Limetten
- ½ TL frisch geriebener Ingwer
- 2 Minzeblättchen
- 1 EL Sesamöl
- 1 EL Orangensaft
- Salz und weißer Pfeffer nach Geschmack

Für die Tofufrikadellen:
- 100 g Tofu (natur)
- 1 Eigelb (Größe M)
- 20 g Semmelbrösel
- 20 g frisch geriebener Ingwer
- 2 EL frisch gehackte Blattpetersilie
- 1 TL frisch gehackte Minzeblättchen
- 1 EL Sojasauce (dunkel)
- 3 EL heller Sesam
- 1 EL Rapsöl
- Salz und Pfeffer nach Geschmack

1 Portion (430 g): 565 kcal, 25 g Eiweiß (19 E%), 39 g Fett (59 E%), 27 g Kohlenhydrate (22 E%)

01 Die Papaya schälen, halbieren und die Kerne mit einem Teelöffel herausschaben. Anschließend die Papaya in mundgerechte Stücke schneiden. Die Gurke schälen, halbieren, aushöhlen und ebenfalls in mundgerechte Stücke schneiden. Die Sprossen unter kaltem Wasser abbrausen. Papaya, Gurke und Sprossen mischen.

02 Für das Dressing die Limetten auspressen. Ingwer schälen und fein reiben. Minze waschen, trocken schütteln und fein schneiden. Zutaten vermengen, Sesamöl und Orangensaft hinzufügen und mit Salz und Pfeffer würzen.

03 Tofu abtropfen lassen, grob würfeln und in eine Schüssel geben.

04 Eigelb verquirlen. Eigelb, Semmelbrösel, Ingwer, Petersilie, Minze und Sojasauce zum Tofu geben, mit Salz und Pfeffer abschmecken und zu einer Masse kneten.

05 Aus der Tofumasse 2 Frikadellen formen. Sesam auf einem flachen Teller verteilen und die Frikadellen darin wenden.

06 Das Öl in einer beschichteten Pfanne erhitzen und die Frikadellen bei geringer Hitze auf beiden Seiten etwa 4 Minuten goldgelb anbraten.

07 Den übrig gebliebenen Sesam über den Papaya-Gurken-Salat geben.

08 Das Dressing kurz vor dem Verzehr über den Salat träufeln und die Frikadellen darauf anrichten.

Gefüllte Minipaprikas

FÜR 1 PERSON

Für beide Füllungen:

- 50 g Mozzarellakugeln
- 60 g Ricotta
- 1 TL Pesto
- 2 EL Kräuter der Provence (getrocknet)
- 1 TL Harissa (Glas)
- 4 Minipaprikas (gelb, orange, rot)
- Salz und Pfeffer nach Geschmack

1 Portion (315 g): 305 kcal, 19 g Eiweiß (25 E%), 21 g Fett (64 E%), 10 g Kohlenhydrate (11 E%)

01 Mozzarellakugeln abtropfen lassen und vierteln.

02 Die Hälfte des Mozzarellas mit 30 g Ricotta, Pesto und 1 EL Kräuter vermischen.

03 Den restlichen Mozzarella und Ricotta mit Harissa und 1 EL Kräuter vermischen.

04 Beide Füllungen mit Salz und Pfeffer abschmecken.

05 Paprikas waschen, die Deckel entfernen, seitlich einritzen und die Kerne entfernen.

06 2 Paprikas mit Pestomischung und die anderen beiden mit Harissamischung füllen.

Eierkroketten auf gebratenen Champignons

Für die Champignons:
- 200 g kleine Champignonköpfe
- 2 EL Olivenöl
- 1 EL Aceto balsamico (dunkel)
- 1 EL Rosmarin (frisch oder getrocknet)
- Salz und Pfeffer nach Geschmack

Für die Kroketten:
- 40 g Zwiebeln
- 3 Eigelb (Größe M)
- 25 g rote Paprika
- 2 EL frisch gehackte Blattpetersilie
- 25 g Reibekäse (z. B. Emmentaler)
- 2 TL Hefeflocken
- 30 g Sojamehl
- 2 EL Rapsöl
- Salz und frisch gemahlener schwarzer Pfeffer nach Geschmack

1 Portion (380 g): 625 kcal, 38 g Eiweiß (25 E%), 48 g Fett (70 E%), 10 g Kohlenhydrate (5 E%)

01 Champignons putzen und trocken tupfen. 1 EL Öl in einem kleinen Topf erhitzen und die Champignonköpfe von allen Seiten etwa 5 Minuten anbraten. Abkühlen lassen, mit Essig und dem restlichen Olivenöl beträufeln. Rosmarin hinzufügen und mit Salz und Pfeffer abschmecken.

02 Zwiebeln schälen und fein hacken. Eigelbe verquirlen. Paprika waschen und fein schneiden. Alle für die Kroketten angegebenen Zutaten mischen und zu einem Teig kneten. Mit Salz und Pfeffer abschmecken.

03 Öl in einer beschichteten Pfanne erhitzen. 6 Kroketten formen und von allen Seiten etwa 4 Minuten anbraten. Kroketten zusammen mit den Champignons genießen.

Aubergine im Eimantel mit Aivar-Joghurt-Dip

FÜR 1 PERSON

- 1 Aubergine (ca. 400 g)
- 2 Eier (Größe M)
- 2 EL Weizenmehl
- 2 EL Rapsöl
- 2 TL frisch gehackter Basilikum
- 150 g Joghurt (3,5 % Fett)
- 1 TL Zitronensaft
- 3 TL Aivar (alternativ Tomatenmark)
- 1 TL Olivenöl (extra nativ)
- Salz und Cayennepfeffer nach Geschmack

1 Portion (735 g): 660 kcal, 28 g Eiweiß (17 E%), 46 g Fett (61 E%), 34 g Kohlenhydrate (22 E%)

01 Aubergine waschen, putzen und in fingerdicke Scheiben schneiden.

02 Eier auf einem großen Teller mit Salz und Pfeffer verquirlen.

03 Auberginenscheiben beidseitig leicht salzen und hauchdünn mit Mehl bestäuben.

04 Das Öl in einer beschichteten Pfanne erhitzen. Die Auberginen im Ei wenden und ins heiße Fett geben. Auf jeder Seite 2 Minuten braten, bis sie weich sind.

05 Basilikum in den Joghurt geben.

06 Joghurt mit Zitronensaft, Salz und Cayennepfeffer abschmecken und gut verrühren. Aivar mit Öl verrühren und unter den Joghurt mengen.

07 Auberginen mit Joghurt-Dip genießen!

Eiersalat mit Currydressing

FÜR 1 PERSON

- 2 Eier (Größe M)
- 1 rote Zwiebel
- ½ Bund frischer Kerbel
- ½ Bund frischer Schnittlauch
- 40 g grüne Oliven (entsteint)
- 100 g Gewürzgurken
- 100 g Hüttenkäse
- 50 g Römersalat

Für das Dressing:

- 1 EL Olivenöl
- 1 TL Curry
- 2 EL Gewürzgurkenwasser
- Salz und Pfeffer nach Geschmack

1 Portion (485 g): 475 kcal, 31 g Eiweiß (27 E %), 34 g Fett (67 E %), 12 g Kohlenhydrate (6 E %)

01 Die Eier in 8–10 Minuten hart kochen, kalt abschrecken, pellen und mit einem Eierschneider in Scheiben schneiden. Die Zwiebel abziehen und in Ringe schneiden.

02 Kerbel und Schnittlauch waschen und trocken schütteln. Kerbel fein hacken. Schnittlauch in feine Röllchen schneiden.

03 Oliven abtropfen lassen und in Scheiben schneiden. Gurken abtropfen lassen, Gewürzgurkenwasser dabei auffangen. Gurken würfeln. Eierscheiben, Zwiebelringe, Kräuter, Olivenscheiben, Gurkenwürfel und Hüttenkäse mischen.

04 Salat waschen und verlesen. Den Eiersalat auf dem Salat anrichten.

05 Olivenöl, Curry und Gewürzgurkenwasser verrühren. Mit Salz und Pfeffer abschmecken und kurz vor dem Verzehr unter den Salat heben.

Schmandkuchen

ERGIBT 6 STÜCK

- 1 Blumenkohl
- 125 g Frischkäse (40 % Fett i. Tr.)
- 125 g Ricotta
- 25 g geriebener Parmesan
- 30 g Kichererbsenmehl
- 5 Eier (Größe M)
- 1 TL Olivenöl
- 125 g Speckwürfel (mager)
- 1 große Zwiebel
- 1 TL Butter und etwas Butter zum Einfetten
- 200 g Schmand
- 1 schwach gehäufter EL Backmohn
- Salz und Pfeffer nach Geschmack

1 Stück (265 g): 290 kcal, 18 g Eiweiß (27 E%), 21 g Fett (62 E%), 8 g Kohlenhydrate (11 E%)

01 In einem großen Topf Wasser zum Kochen bringen. Den Blumenkohl putzen, in Röschen teilen und waschen. Das Wasser salzen und die Blumenkohlröschen darin etwa 20 Minuten kochen.

02 Den Backofen auf 180° (Umluft 160°) vorheizen. Frischkäse, Ricotta, Parmesan, Kichererbsenmehl und 2 Eier zu einer glatten Creme verrühren. Das Olivenöl unterrühren. Mit Salz und Pfeffer abschmecken.

03 Eine Quiche-/Tarteform (Ø 26 cm) dünn mit Butter einfetten. Die Käsecreme darin verstreichen und 10 Minuten im Ofen (Mitte) backen.

04 Inzwischen den Speck in einer beschichteten Pfanne ohne Fett auslassen. Die Zwiebel abziehen und fein würfeln. Den Speck aus der Pfanne heben und die Zwiebeln im Bratfett schwenken. Ebenfalls wieder herausnehmen.

05 Den Blumenkohl in einem Sieb abtropfen lassen, pürieren und mit Salz, Pfeffer und 1 TL Butter abschmecken. Den Schmand und 3 Eier unterrühren und erneut mit Salz und Pfeffer abschmecken. Die Blumenkohlcreme gleichmäßig auf dem vorgebackenen Boden verteilen. Mit Mohn bestreuen. Darauf Speck und Zwiebeln verteilen.

06 Den Schmandkuchen im Ofen (Mitte) 30 Minuten backen.

Spinat-Eier-Rolle mit Lachs

ERGIBT 2 PORTIONEN

- 180 g Blattspinat (TK)
- 4 Eier (Größe M)
- 30 g geriebener Gratinkäse
- 1 Msp. Muskat
- Salz und Pfeffer nach Geschmack

Für die Füllung:
- 100 g Frischkäse (Magerstufe)
- 100 g geräucherter Lachs
- 1 TL Senf (süß)
- Alufolie

1 Portion (320 g): 370 kcal, 38 g Eiweiß (42 E%), 23 g Fett (53 E%), 4 g Kohlenhydrate (5 E%)

01 Den Backofen auf 200° (Umluft 180°) vorheizen.

02 Spinat auftauen, ausdrücken und pürieren. Die Eier trennen. Eigelbe mit Spinat und Käse verrühren. Mit Muskat, Salz und Pfeffer würzen. Eiweiß steif schlagen und unter die Ei-Spinat-Käse-Masse rühren.

03 Ein Backblech mit Backpapier belegen. Eimasse daraufgeben und dünn verstreichen. Im Ofen (Mitte) 15 Minuten backen. Abkühlen lassen.

04 Backpapier vorsichtig vom Omelett abziehen. Omelett auf die Alufolie legen und einseitig mit Frischkäse bestreichen.

05 Lachs darauf verteilen und mit Senf bestreichen.

06 Omelett fest einrollen, in der Alufolie einwickeln und 30 Minuten kühl stellen.

07 Die Eierrolle in 1–2 cm dicke Scheiben schneiden.

TIPP: Die Eierrollen können Sie nach Belieben gestalten, z. B. mit Pesto bestreichen, mit luftgetrocknetem Schinken oder hauchdünnem Manchegokäse belegen.

Kalte Lauch-Speck-Tortilla

ERGIBT 2 PORTIONEN

- 250 g Lauch (verzehrbarer Anteil)
- 1 kleine rote Zwiebel
- 3 TL Olivenöl
- 4 Eier (Größe S)
- 3 EL Milch (3,5 % Fett)
- 40 g geriebener Parmesan
- 1 EL frisch gehackte Blattpetersilie
- 20 g Speckwürfel
- Salz und Pfeffer nach Geschmack

1 Portion (320 g): 395 kcal, 27 g Eiweiß (28 E%), 30 g Fett (65 E%), 7 g Kohlenhydrate (7 E%)

01 Vom Lauch das grüne Ende und den Wurzelansatz abschneiden. Die Stange in maximal 1 cm breite Ringe schneiden, in eine Schüssel geben und waschen, dann absieben. Zwiebel abziehen und in feine Ringe schneiden. 2 TL Olivenöl in einer beschichteten Pfanne erhitzen. Lauch- und Zwiebelringe darin bei mittlerer Temperatur unter ständigem Wenden 6–8 Minuten anbraten.

02 Die Eier mit der Milch und dem Parmesan, Salz und Pfeffer verquirlen. Petersilie und Speckwürfel zu den Eiern geben. Das restliche Öl zum Lauch geben und erhitzen. Das Eigemisch über den Lauch gießen und ebenmäßig verstreichen.

03 Die Tortilla bei geringer Hitzezufuhr und geschlossenem Deckel etwa 5–7 Minuten stocken lassen. Dann wenden. Dafür die Tortilla auf einen flachen Teller stürzen, wieder in die Pfanne gleiten lassen und weitere 5 Minuten garen.

Puten-Curry-Piccata mit orientalischem Möhrensalat

- 1 Ei (Größe S)
- 1 schwach gehäufter TL Currypulver
- 125 g Putenbrustfilet
- 1 EL Weizenmehl
- 10 g Butter
- 15 g Rosinen
- 10 g Mandelblättchen
- 200 g Möhren
- ½ Chicoréekolben
- 1 TL frisch gehackter Koriander
- 1 TL frisch geriebener Ingwer
- 3 TL Olivenöl
- 1 EL Aceto balsamico (hell)
- ½ TL Zimt
- Salz und Pfeffer nach Geschmack

1 Portion (490 g): 600 kcal, 41 g Eiweiß (29 E%), 35 g Fett (52 E%), 29 g Kohlenhydrate (19 E%)

01 Das Ei mit Curry und etwas Salz verquirlen.

02 Das Putenbrustfilet kalt abbrausen, trocken tupfen, etwas dünner klopfen, salzen, mit Mehl bestäuben und im Ei wenden.

03 In einer beschichteten Pfanne Butter zerlassen und das Fleisch darin 6–8 Minuten beidseitig braten.

04 Rosinen ein paar Minuten in Wasser einweichen und dann gut abtropfen lassen.

05 Mandelblättchen in einer Pfanne ohne Fett anrösten.

06 Möhren putzen, waschen und fein raspeln. Chicoréeblätter waschen und in sehr feine Streifen schneiden.

07 Möhren, Chicorée, Rosinen, Koriander, Ingwer und Mandelblättchen vermischen. Olivenöl, Essig, Zimt und eine Prise Salz gut verrühren und kurz vor dem Verzehr über den Salat träufeln.

08 Den Salat zusammen mit der Putenpiccata verzehren.

Mediterrane Hackbällchen mit Tomatensalsa

FÜR 1 PERSON

Für die Hackbällchen:
- 30 g getrocknete Tomaten (in Öl)
- 1 Ei (Größe M)
- 125 g Hackfleisch (gemischt)
- 30 g geriebener Parmesan
- 1 EL frisch gehackte Blattpetersilie
- 2 TL Olivenöl
- Salz und Pfeffer nach Geschmack

Für die Tomatensalsa:
- ½ rote Zwiebel
- ½ rote Chilischote
- ½ rote Paprika
- 1 TL Olivenöl
- 150 g geschälte Tomaten (Dose)
- 1 EL Tomatenmark
- 1 EL Ajvar
- 50 ml Tomatensaft
- 1 EL frisch gehackter Basilikum
- 1 Prise Zucker
- Salz und Tabasco nach Geschmack
- Zahnstocher

1 Portion (490 g): 640 kcal, 37 g Eiweiß (25 E%), 48 g Fett (66 E%), 14 g Kohlenhydrate (9 E%)

01 Getrocknete Tomaten abtropfen lassen und in sehr feine Streifen schneiden. Das Ei verquirlen. Das Hackfleisch mit der Hälfte des Eis, Parmesan und Blattpetersilie gut vermischen. Getrocknete Tomaten unterrühren. Mit Salz und Pfeffer würzen.

02 Aus der Hackmasse kleine Bällchen formen.

03 Öl in einer Pfanne erhitzen und die Bällchen in 6–8 Minuten rundherum anbraten.

04 Für die Salsa Zwiebel abziehen und fein hacken. Chilischote waschen, entkernen und in feine Ringe schneiden. Paprika waschen und klein würfeln. Öl in der Pfanne erhitzen, Zwiebel, Chili und Paprika kurz darin anbraten.

05 Geschälte Tomaten, Tomatenmark, Ajvar, Tomatensaft, Basilikum und Zucker hinzufügen. Mit Salz und Tabasco abschmecken und 10 Minuten köcheln lassen. Anschließend pürieren und kalt stellen.

06 In jedes Hackbällchen einen Zahnstocher stecken und dann zur Salsa servieren.

Kasseler auf fruchtigem Kraut-Möhren-Salat

FÜR 1 PERSON

- 20 g Rosinen
- ¼ Weißkohl oder Spitzkohl
- 1 ½ EL Rapsöl
- 100 ml Wasser
- 1 EL Weißweinessig
- 1–2 TL Honig
- 50 g Apfel (z. B. Braeburn)
- 2 Möhren
- 200 g Kasseler
- 2 EL Olivenöl
- 1 TL Zitronensaft
- Kümmel, Salz und Pfeffer nach Geschmack

1 Portion (650 g): 610 kcal, 38 g Eiweiß (26 E %), 38 g Fett (58 E %), 33 g Kohlenhydrate (16 E %)

01 Rosinen heiß waschen und im warmen Wasser etwas quellen lassen.

02 Die äußeren Blätter vom Kohl entfernen, den Weißkohl halbieren und den Strunk wegschneiden. Den Weißkohl quer in feine Streifen schneiden. In einem großen Topf 1 EL Rapsöl erhitzen. Die Kohlstreifen hineingeben, etwa 100 ml Wasser, Salz und etwas Kümmel zufügen. Umrühren und im geschlossenen Topf 10 Minuten dünsten. Mit Pfeffer, Essig sowie Honig abschmecken.

03 Apfel und Möhren schälen, raspeln und zum Kohl hinzufügen. Rosinen halbieren und unterheben.

04 In einer beschichteten Pfanne ½ EL Rapsöl erhitzen. Den Kasseler darin beidseitig anbraten.

05 Olivenöl, Zitronensaft, Salz und Pfeffer verrühren. Kurz vor dem Verzehr das Dressing noch einmal schütteln, auf den Salat träufeln und mit dem Kasseler genießen.

Orientalische Hackbällchen mit Minzraita

Für die Hackbällchen:

- 10 g Rosinen
- ½ Bund frischer Koriander
- 1 Ei (Größe S)
- 125 g Lamm- oder Rinderhackfleisch
- 1 EL Kichererbsenmehl
- 1 TL frisch geriebener Ingwer
- 1 TL Curry
- ½ TL Kreuzkümmel (Cumin, alternativ 1 ½ TL indische Gewürzmischung)
- 2 TL weißer Sesam
- 1 EL Erdnussöl
- Salz nach Geschmack

Für die Minzraita:

- 125 g Salatgurke
- 2 TL frisch gehackte Minze
- 1 TL frisch gehackter Koriander
- Saft einer ½ Limette
- ½ TL Koriander (gemahlen)
- ½ TL Kreuzkümmel (Cumin, gemahlen)
- 125 g Joghurt (1,5 % Fett)
- Salz und Cayennepfeffer nach Geschmack

1 Portion (510 g): 620 kcal, 38 g Eiweiß (26 E%), 41 g Fett (59 E%), 22 g Kohlenhydrate (15 E%)

01 Rosinen heiß waschen und im warmen Wasser etwas quellen lassen.

02 Koriander waschen, trocken schütteln, die groben Stiele entfernen und fein hacken.

03 Das Ei verquirlen. Hackfleisch mit der Hälfte des Eis, Kichererbsenmehl, Koriander, Ingwer, Curry, Kreuzkümmel und Salz gut verkneten.

04 Die Rosinen trocken tupfen, halbieren und zusammen mit dem Sesam unter das Hackfleisch kneten. Zu etwa 6–8 kleinen Bällchen formen.

05 Das Erdnussöl in einer Pfanne erhitzen. Die Bällchen darin rundherum anbraten, bei reduzierter Hitze fertig braten.

06 Für die Raita Gurke schälen, fein raspeln und mit Minze, frischem Koriander, Limettensaft, gemahlenem Koriander, Kreuzkümmel und Joghurt verrühren. Mit Salz und Cayennepfeffer abschmecken.

Puten-Ananas-Spieße mit Basilikum-Joghurt-Creme

FÜR 1 PERSON

Für die Spieße:
- 150 g Putenfleisch
- 4 EL Olivenöl
- ½ TL Currypulver
- 1 EL frisch gehackter Koriander
- 1 EL frisch geriebener Ingwer
- ¼ TL Kreuzkümmel (Cumin)
- 100 g Ananas (geschält gew.)

Für die Sauce:
- 3 Zweige Basilikum
- 50 g Joghurt (3,5 % Fett)
- 30 g Crème fraîche
- 1 TL Olivenöl
- 1 TL Limettensaft
- Salz und Pfeffer nach Geschmack
- 3–4 Holzspieße

1 Portion (350 g): 450 kcal, 39 g Eiweiß (36 E %), 25 g Fett (52 E %), 17 g Kohlenhydrate (12 E %)

01 Das Putenfleisch kalt abbrausen, trocken tupfen und in 2 cm große Würfel schneiden.

02 3 EL Öl, Currypulver, Koriander, Ingwer und Kreuzkümmel mit dem Fleisch in einen Gefrierbeutel geben, alles gut vermischen und im Kühlschrank 1–2 Stunden marinieren.

03 Backofen auf 250° Grillstufe vorheizen.

04 Ananas schälen und in 2 cm große Würfel schneiden. Die Spieße abwechselnd mit den Puten- und Ananaswürfeln bestücken. Rundum mit dem restlichen Öl bepinseln. Im Backofengrill 6–8 Minuten von beiden Seiten grillen und anschließend abkühlen lassen.

04 Basilikum waschen, trocken schütteln und grob hacken. Basilikum mit Joghurt, Crème fraîche und Olivenöl verrühren und pürieren. Mit Limettensaft, Salz und Pfeffer abschmecken.

05 Die Spieße in die Basilikum-Joghurt-Creme dippen.

Hähnchenbrust auf Palmherzensalat

FÜR 1 PERSON

- 100 g Palmherzen (Dose)
- ½ Orange
- 2 EL Orangensaft
- 2 EL Olivenöl
- 1 TL Saft einer Limette
- 1 TL Zucker
- ½ TL Chilifäden
- 50 g Romanasalat
- ½ Zweig frischer Koriander
- 1 Hähnchenbrustfilet (200 g)
- 1 EL Rapsöl
- Salz und Pfeffer nach Geschmack

1 Portion (375 g): 410 kcal, 42 g Eiweiß (42 E%), 19 g Fett (43 E%), 16 g Kohlenhydrate (15 E%)

01 Palmherzen abtropfen lassen und in Scheiben schneiden. Orange über einer Schüssel filetieren und den austretenden Saft dabei auffangen. Orangensaft, Öl, Limettensaft und Zucker verrühren. Anschließend mit Chili, Salz und Pfeffer abschmecken.

02 Romanasalat putzen und klein zupfen. Koriander waschen, trocken schütteln, die groben Stiele entfernen und fein hacken. Beides mit den Palmherzen und Orangenfilets mischen. Kurz vor dem Verzehr das Dressing unterheben und nach Geschmack mit Salz und Pfeffer würzen.

03 Hähnchenbrust waschen und trocken tupfen. Öl in einer beschichteten Pfanne erhitzen und das Hähnchen von beiden Seiten anbraten. Mit Salz und Pfeffer würzen. Abkühlen lassen und in Streifen schneiden.

04 Das Fleisch kurz vor dem Verzehr zum Salat mischen.

Süß-scharf glasierte Hähnchenkeulen mit Paprikadip

FÜR 1 PERSON

Für die Hähnchenkeulen:
- 1 TL Chilisauce
- 1 TL Honig
- ½ TL Paprikapulver (edelsüß)
- 2 TL Olivenöl
- 180 g (etwa 2–4 Stück) Hähnchenunterkeulen
- etwas Öl für das Backblech
- Salz und Cayennepfeffer nach Geschmack

Für den Dip:
- 1 rote Paprika
- 1 TL Olivenöl
- ½ TL Currypaste
- 1 TL frisch geriebener Ingwer
- 1 EL Ajvar
- 50 g Frischkäse (Magerstufe)
- 30 g Schmand
- Salz nach Geschmack

1 Portion (455 g): 615 kcal, 45 g Eiweiß (30 E%), 39 g Fett (55 E%), 21 g Kohlenhydrate (15 E%)

01 Den Backofen auf 225° (200° Umluft) vorheizen.

02 Für die Glasur Chilisauce, Honig, Cayennepfeffer, Paprika und Öl verrühren. Keulen waschen, trocken tupfen und salzen. Ein Backblech mit Öl einpinseln. Die Keulen darauf verteilen und im Ofen (Mitte) 30–35 Minuten garen. 10 Minuten vor Ende der Garzeit die Keulen mit der Glasur bestreichen.

03 Paprika waschen, die Kerne entfernen und klein würfeln. Öl in einer kleinen beschichteten Pfanne erhitzen. Currypaste und Ingwer kurz darin anbraten. Paprika dazugeben, 7–8 Minuten mitbraten und pürieren. Ajvar, Frischkäse und Schmand unterrühren. Mit Salz abschmecken.

Schinken-Käse-Involtini mit Tomaten-Kräuter-Salat

FÜR 1 PERSON

Für die Involtini:
- 1 Hähnchenbrustfilet (ca. 150 g)
- 12–16 Blätter junger Spinat
- 30 g (ca. 2 dünne Scheiben) Kochschinken
- 30 g (ca. 2 dünne Scheiben) Camembert
- 1 EL Rapsöl
- Salz und Pfeffer nach Geschmack

Für den Salat:
- 250 g Flaschentomaten
- 1 Frühlingszwiebel
- jeweils 3 frische Basilikum- und Minzeblättchen
- jeweils ½ TL frischer Oregano, Thymian und Rosmarinnadeln
- 3 TL Olivenöl (extra nativ)
- Saft von ½ Zitrone
- Meersalz und schwarzer Pfeffer nach Geschmack
- 2 Zahnstocher (etwa 5 Minuten in kaltem Wasser einweichen lassen)

1 Portion (560 g): 580 kcal, 49 g Eiweiß (35 E%), 36 g Fett (55 E%), 12 g Kohlenhydrate (10 E%)

01 Hähnchenbrustfilet quer halbieren, in eine Gefrierfolie geben und flach klopfen. Mit Salz und Pfeffer würzen.

02 Spinat waschen und trocken tupfen.

03 Das Fleisch jeweils mit 1 Scheibe Schinken belegen, je 6–8 Spinatblätter ziegelartig darauf verteilen und je 1 Scheibe Camembert darauflegen. Die Filets einrollen und mit den Zahnstochern feststecken.

04 Öl in einer beschichteten Pfanne erhitzen und die Involtini darin von allen Seiten 8–10 Minuten goldbraun anbraten.

05 In der Zwischenzeit die Tomaten waschen, halbieren, aushöhlen und nochmals halbieren. Frühlingszwiebel waschen und in feine Ringe schneiden. Tomaten und Zwiebelringe in eine Schüssel geben.

06 Kräuter waschen und fein hacken.

07 Kurz vor dem Verzehr den Salat mit Kräutern, Olivenöl, Zitronensaft, Salz und Pfeffer anmachen. Dazu die kalten Involtini genießen!

Currywurst mit Bohnen

FÜR 1 PERSON

- 80 g weiße Bohnen (Dose)
- ½ rote Zwiebel
- 2 EL Rapsöl
- 1 TL Currypulver (scharf)
- ½ TL Paprikapulver (scharf)
- 1 EL Tomatenmark
- 250 g passierte Tomaten
- 1 TL Worcestersauce
- 1 TL Honig
- 90 g Bratwurst
- Tabasco, Salz und Pfeffer nach Geschmack

1 Portion (495 g): 580 kcal, 21 g Eiweiß (15 E%), 43 g Fett (65 E%), 28 g Kohlenhydrate (20 E%)

01 Weiße Bohnen abtropfen lassen.

02 Zwiebel abziehen und sehr fein hacken. 1 EL Öl in einer Pfanne erhitzen und Curry- und Paprikapulver darin anrösten. Zwiebeln hinzufügen und 3 Minuten andünsten. Tomatenmark dazugeben und kurz mitrösten. Mit passierten Tomaten ablöschen. Worcestersauce, Honig und Tabasco hinzufügen. Mit Salz und Pfeffer abschmecken und 20 Minuten köcheln lassen.

03 In der Zwischenzeit in einer anderen Pfanne das restliche Öl erhitzen. Die Bratwurst darin von allen Seiten kross anbraten und in Scheiben schneiden.

04 Bratwurst und weiße Bohnen zur Currysauce geben und 2 Minuten mitgaren.

05 Vor dem Verzehr mit Currypulver bestreuen.

TIPP: Dieses Gericht kann in der Mikrowelle aufgewärmt oder kalt verspeist werden.

Geräucherte Forellenfilets auf Melone mit Meerrettichcreme

FÜR 1 PERSON

- ½ rote Zwiebel
- 2 geräucherte Forellenfilets
- 50 g Schmand
- 50 g Quark (Magerstufe)
- 1 TL Olivenöl
- 1 TL Honig
- 1 TL Zitronensaft
- 4 TL Meerrettich (Glas)
- 200 g Cantaloupemelone (geschält gew.)
- Salz und Pfeffer nach Geschmack

1 Portion (555 g): 530 kcal, 54 g Eiweiß (42 E%), 23 g Fett (40 E%), 25 g Kohlenhydrate (18 E%)

01 Zwiebel schälen, in feine Ringe schneiden und über die Forellenfilets verteilen.

02 Schmand, Quark, Öl, Honig, Zitronensaft und Meerrettich glatt rühren und mit Salz und Pfeffer abschmecken.

03 Die Melone von den Kernen befreien und in mundgerechte Stücke würfeln.

04 Kurz vor dem Verzehr die Meerrettichcreme über die Forellenfilets und Melonenwürfel verteilen.

Krabbenfrikadellen auf Brechbohnensalat

FÜR 1 PERSON

Für den Salat:

- 100 g Brechbohnen (Dose)
- ½ Zwiebel
- ½ rote Paprika
- 1 EL Aceto balsamico (hell)
- 2 EL Rapsöl
- 1 TL Zucker
- 1 TL Bohnenkraut (getrocknet)
- Salz und Pfeffer nach Geschmack

Für die Frikadellen:

- 200 g Krabben
- 1 Zwiebel
- 1 Eigelb (Größe M)
- 1 EL geriebener Parmesan
- 50 g Frischkäse (Fettstufe)
- 15 g Weizenmehl
- 1 EL Kräuter der Provence (getrocknet)
- 1 EL Tomatenmark
- 2 EL Rapsöl
- Salz und Pfeffer nach Geschmack

1 Portion (615 g): 665 kcal, 55 g Eiweiß (34 E %), 35 g Fett (49 E %), 34 g Kohlenhydrate (17 E %)

01 Bohnen abtropfen lassen. Zwiebel schälen, Paprika waschen, Gehäuse entfernen und beides fein würfeln. Bohnen, Zwiebel- und Paprikawürfel mischen.

02 Essig, Öl, Zucker und Bohnenkraut mischen und mit Salz und Pfeffer abschmecken.

03 Für die Frikadellen Krabben waschen, trocken tupfen und pürieren. Zwiebel schälen und fein würfeln. Eigelb, Parmesan, Frischkäse, Mehl, Zwiebeln, Kräuter, Tomatenmark, Salz und Pfeffer verrühren und unter die Krabbenmasse kneten.

04 Das Öl in einer beschichteten Pfanne erhitzen, aus der Hackmasse 4 Frikadellen formen und bei geringer Hitze auf beiden Seiten etwa 6–8 Minuten anbraten.

05 Kurz vor dem Verzehr das Dressing über den Salat träufeln und die Frikadellen auf dem Salat anrichten.

Thunfischstreifen auf buntem Gemüse

FÜR 1 PERSON

Für das Gemüse:
- 30 g Erbsen (Dose)
- ½ gelbe Paprika
- ½ orange Paprika
- 1 Tomate
- 50 g Aubergine
- 1 Lauchzwiebel
- 2 EL Olivenöl
- 2 EL Tomatenmark

Für das Steak:
- 150 g Thunfischsteak
- 1 EL Rapsöl
- 1 TL Zitronensaft
- Salz und schwarzer Pfeffer aus der Mühle nach Geschmack

1 Portion (500 g): 605 kcal, 39 g Eiweiß (26 E %), 44 g Fett (65 E %), 21 g Kohlenhydrate (9 E %)

01 Erbsen abtropfen lassen. Paprika, Tomate, Aubergine und Lauchzwiebel waschen. Das Gehäuse der Paprika entfernen und den Strunk der Tomate und der Aubergine rausschneiden. Das Gemüse in Scheiben schneiden.

02 Olivenöl erhitzen und Zwiebel-, Paprika- und Auberginenscheiben anbraten. Nach etwa 5 Minuten Tomatenscheiben und Erbsen hinzufügen, Tomatenmark unterheben und weitergaren.

03 Thunfisch kalt abbrausen und trocken tupfen. Rapsöl erhitzen und den Fisch darin von beiden Seiten etwa 2 Minuten anbraten. Thunfisch in 2 cm große Streifen schneiden. Mit Zitronensaft, Salz und Pfeffer würzen und zum Gemüse servieren.

Lachssteak auf Fenchelsalat

FÜR 1 PERSON

Für das Steak:
- 2 EL Sojasauce (mild)
- 1 EL Aceto balsamico (dunkel)
- 2 EL Olivenöl
- 1 EL Zitronensaft
- 1 Msp. Chiliflocken (getrocknet)
- 150 g Lachssteak
- 1 EL Rapsöl
- Salz und schwarzer Pfeffer aus der Mühle nach Geschmack

Für den Salat:
- ½ roter Apfel
- ½ Fenchelknolle
- 2 EL Zitronensaft
- 1 EL Olivenöl
- 1 TL Zucker
- schwarzer Pfeffer aus der Mühle nach Geschmack

1 Portion (360 g): 430 kcal, 34 g Eiweiß (32 E %), 28 g Fett (61 E %), 10 g Kohlenhydrate (7 E %)

01 Sojasauce, Essig, Öl, Zitronensaft und Chili verrühren. Mit Salz und Pfeffer abschmecken. Lachssteak kalt abbrausen, trocken tupfen und etwa 2 Stunden im Kühlschrank in der Marinade ziehen lassen.

02 Öl in einer beschichteten Pfanne erhitzen. Lachssteak abtropfen lassen und von beiden Seiten etwa 3 Minuten bei mittlerer Temperatur anbraten.

03 Apfel waschen, schälen und würfeln. Vom Fenchel das Grün abschneiden. Die Knolle waschen und in dünne Scheiben schneiden. Mit Apfelwürfeln vermischen.

04 Zitronensaft, Olivenöl und Zucker verrühren und mit Pfeffer abschmecken.

05 Kurz vor dem Verzehr das Dressing über den Salat geben und den Lachs auf dem Salat anrichten.

Rohkost mit Kräuter-Krabbendip

- 250 g Rohkost, z.B. Gurke, Paprika, Staudensellerie, Kohlrabi
- 100 g Nordseekrabben
- 150 g Magerquark
- 100 g Schmand
- 2 EL gehackter Dill
- Salz und Pfeffer nach Geschmack

1 Portion (555 g): 420 kcal, 48 g Eiweiß (47 E%), 15 g (133 E%) Fett, 23 g Kohlenhydrate (20 E%)

01 Gemüse putzen und waschen, eventuell trocken tupfen und in 3 cm breite Stifte schneiden.

02 Die Krabben abbrausen, trocken tupfen und halbieren. Mit Quark, Schmand, Salz und Pfeffer cremig rühren. Dill und Krabben untermischen. Mit den Gemüsesticks servieren.

Impressum

Die Marke LOGI sowie die LOGI-Methode sind für die Systemed GmbH, 44534 Lünen, geschützt.

Redaktion: systemed Verlag, Lünen
systemed GmbH, Kastanienstr. 10, 44534 Lünen

Fotografie: Studio Reiner Schmitz, München

Umschlaggestaltung: Hauptmann & Kompanie Werbeagentur, Zürich
Satz: A flock of sheep, Lübeck

Druck: Druckerei Uhl, Radolfzell
ISBN: 978-3-942772-66-2

2. Auflage